Praise for Olja Savičević and *Mamasafari*

Olja Savičević's writing is savage; whether she is sharpening truths against "35 Years of Lies" or simply recalling a domestic scene where she suddenly unleashes: "Motherhood is self explanatory and useless like fireworks," her poetry drives the familiar into a state of uncanny. "Why would I eat paper, when I could write on it? So much about that kind of love." That "kind of love" in *Mamasafari* is a hunger that cuts just deep enough to astound.

—Megan Burns, author of *Basic Programming*

Olja Savičević's poems and prose-poems tackle everything from the Devil to Pasolini, blue shoes to bicycles, the Bossa Nova to family portraits, and a precisely rendered sequence on Istanbul. Savičević is like the love-child of Carolyn Forche and Caesar Pavese: she possesses Pavese's eye for street-life and grit in the cities she travels (both inside and out), and yet she imbues that portraiture with Forche-like notions of the poet as witness. Andrea Jurjević's fine translations wrought in American-inflected-English present a Savičević who captures the rhythm of life that bends beneath the weight of history and isms to instead find the tiniest details that sing and resist. For, as she tells us: "The butchers will be behind bars, the ground that trembles will grow calm, but the deep satisfaction we call justice won't come. Still: there're many pleasures, that's what's worth focusing on."

—Sean Thomas Dougherty, author of *The Second O of Sorrow*

These sensual and at times surreal poems are filled with Middle Eastern and Balkan images of minarets, hookah bars, brothels, baklavas and kebobs, so that one would wish to fly to this "mystical land" on a kilim but for the terror and war that haunt the region's past and seep into the present.

—Biljana D. Obradovič, editor of *Cat Painters: An Anthology of Contemporary Serbian Poetry*

Olja doesn't write for critics. After you read the collection's first section, in which the speaker spends a month in Istanbul, you will quickly understand why she writes. By observing the colors, scents and sounds, the crowds in this foreign land, the chairs, windows and rooms, inside which she observes herself, observes the process of observation, Olja follows the primal need for writing, gains an understanding, and captures that which is elusive. In her poem "Listanbon," which is a city that sometimes appears in Olja's dreams, a fusion of Lisbon and Istanbul that flickers between reality and dream, between life and death, Olja captures the chorus of the street singer under the window: "Dying before death isn't the hardest thing, it's wanting to live after that, that's the hardest, wanting to live after that." Olja's poems invoke a conjured city you won't find in travel books. You might think that as such, this city might mean little to you, except these poems carry impressive descriptions of the physical world, and they brilliantly capture the spirit of a place.

—Ivana Bodrožić, from *Večernji List*

Olja Savičević again brilliantly integrates prose fragments and reflexive lyric poetry. Let's cut to the chase: the author has long ago masterfully created her own subgenre, yet this time she has written an unusually strong, touching, beautiful and passionate book, the best one so far. Regardless of how we try to classify these texts—travel-bits, prose poems, lyric panoramas, micro essays, song-stories, or something else—the fact is there are more lyrical, pure-blooded, no-holds-barred poetic and poetically courageous choices than in ninety-nine percent of the Croatian verse production.

—Marko Pogačar, from *Novosti*

Mamasafari by the acclaimed writer Olja Savičević is a fantastic poetry collection, devoid of empty ramblings and banality, a book which should not be read because we'd simply like to stay current with contemporary poetry but, simply, because of its pleasures.

—Robert Perišić, from *Globus*

mamasafari

Olja Savičević

Translated by Andrea Jurjević

Mamasafari
Olja Savičević
Translated by Andrea Jurjević

Copyright © 2018 by the author and Diálogos Books.

Printed in the U.S.A.
First Printing
10 9 8 7 6 5 4 3 2 1   18 19 20 21 22 23

Book and Cover design: Bill Lavender
Cover Art: Monika Lang and Ksenija Pantelić

Library of Congress Control Number: 2018932042
Savičević, Olja
Mamasafari / Olja Savičević
with Andrea Jurjević, translator;
p. cm.
ISBN: 978-1-944884-38-3 (pbk.)

DIÁLOGOS BOOKS

DIALOGOSBOOKS.COM

Acknowledgments

Grateful acknowledgment is made to the editors of the following journals, who first published these poems.

Berkeley Poetry Review: "Character," "Child and I," "Kolja"

Circumference: "Humbert," "An Apprentice"

Contemporary Works in Translation, a multilingual anthology by OOMPH Press: "Socialism," "Neighborhood," "Control Freak"

Drunken Boat: "My Mother's Body," "Woman and Blood"

Gulf Coast: "Bossa Nova"

Inventory: "Tail," "The Departure of Little Admirals"

M-Dash: "Assassination," "Above Ravenna, Lisbon," "Summer '91," "New Hero on the Street"

Muse A Journal: "When I First Saw Your Face"

Lou Lit Review: "Bicycle," "Maria's Story"

Lunch Ticket: "Mamasafari," "Mountain Aunt," "Property," "Little Street for Sex"

RHINO: "Devil & Freedom"

Silk Road Review: "Berlin Room"

The Adirondack Review: "Pair," "I Close My Eyes, Hear the City," "Princes," "The Woman Underneath a Hat," "Letter to the Husband," "Listanbon," "Regular Life"

Sincere thanks to Oliver Perrin for helping with the early drafts of these translations.

Special thanks and love to Jason Eathan Allen.

About the Cover Artists

Monika Lang and Ksenija Pantelić are illustrators and designers from Belgrade, Serbia. Aside from frequently collaborating on a number of international projects, they work with the Croatian literary festival Šušur from the island of Korčula. The cover art for *Mamasafari* is a product of that collaboration.

Mamasafari (Croatian)

Postcards from Istanbul

Mamasafari

Mamasafari (English)

Postcards From Istanbul

Mamasafari

Soundtrack za slijepe putnike
(izbor iz neobjavljenog rukopisa)

Soundtrack for Blind Passengers

mamasafari

Olja Savičević

Translated by Andrea Jurjević

Postcards From Istanbul

Pair

T. shows me graffiti on a building wall, says that a while back someone wrote all over town: I'm begging you, don't come back.

That's passionate, says T.

How do you know it's not a message to a soccer team coach? Or a politician?

I ask.

You think?! Nah, I don't believe that. Though it occurred to me maybe they wrote that when Orhan Pamuk left Turkey.

We are silent for a moment, walking up Istanbul's slopes. I still think it's about soccer, but I don't push it, after all this is her town, not mine.

T. seizes a step ahead and says, more to herself, Meh, that's something between two.

Devil & Freedom

I met the devil at eight in front of the mosque in Galata, and he immediately started talking about freedom in a way that made me think he must've been a newspaper editor or a diplomat.

You're in a city that has just about everything and no one knows you, are you ready to take that, he asked.

But I'm never quite ready, and I've never been interested in everything.

The devil rolls his eyes, drags me to the first meyhane, and starts stuffing himself with delicacies from the menu: lamb and chicken kebab, stuffed eggplant, yaprak sarma, anise liquor, pineapples on sticks, peppers with walnuts, black tea and iced almonds, shellfish, soups, warm hummus, marinated mackerel, börek and baklavas, beef salami and volcano soufflé, sheep cheese with mint, then liver and a few cubes of sugar.

You must be very hungry? I ask considerately. And the devil grabs the skinny four-eyed waiter, dips him into yogurt and takes a bite, spits out the glasses, burps satisfaction and says: Take all that life has to offer.

But I'm never quite ready, and I've never been interested in everything.

I Close My Eyes, Hear the City

Orhan Veli Kanik

In the morning it is the soft saxophone from the terrace of the nearby bar, up here on the top floor; gulls, other birds, and the recurring sound of a ship whistle from the Golden Horn, street construction, at times, fragments of conversations from the outdoor steps, foreign tongue. The otherworldly voice from the minaret backs the group murmur from the mosque, and later, they call out screaming, from the side streets, tiny cats, sweet from up close and small-headed, then Eastern rhythms, a singer with her sad voice, fish and spice vendors, performers with instruments I can't name. On İstiklal Street, an old man sings and slowly dies, his grandson holds a microphone for him. I don't hear the tram bell, and some youth with big white teeth, practically a child, pushes me away from the tracks. His friends laugh happily when I say: you saved my life. Taxi drivers, waiters, shopkeepers jump out of their boxes, offer everything for a few lira: madam, lady, take your sunglasses off, lady, let me see your eyes. People and dogs and cars, the roar of spectators. And the heart full of blood hammers in the ears, the ear that blinks like an eye: the city is a DJ and has at least 50 million hands that turn tables on gold-plated counters, on butchers' counters, on shop counters, holy counters and at least 50 million human, dog, cat, rubber legs,

legs that dance as if it's burning under their feet and paws, as if the ground is escaping from underneath, as if all this escapes reason.

The Woman Underneath a Hat

Down a colorful street across from Beşiktaş, I set out to Ortaköy.

Ortaköy is an unreal place, but no one mentions the three hours of intense walking. Relations are different here.

Millions of women pass along this street, not one has a hat.

Fishermen in the harbor, taxi drivers in taxis, believers before the mosque, guards with guns, girls by the fountain — some foreign lady underneath a wide-brimmed hat.

Going back, however, not to be crazy, I catch the bus to Taksim, the driver says: a lira and some change. We've gotten stuck in one of the three endless lines of cars, it seems, and yet no one curses another's mother, passengers follow things through the window. I stare at them (perhaps they know something), they at me (under the brim). Half an hour doesn't mean much. They are different, there's a point, relations.

And in Taksim, a million women, but not one has a hat.

Little Street for Sex

I live in the shopping center of the world, it's open 24 hours. There are, for example, streets for luminous bodies, and there's no end to the lights, lace lampshades, chandeliers, bulbs of every breed; then a street of screws and nuts, and an endless line of fish restaurants, a side street where you can buy sheep heads and organs you'll never see in the anatomy books. Not far is a black-and-red street with jazz clubs, then carpets, kilims, kilims, and all of them flying, alleys of baklava and lokum, shop windows dripping with meat and honey and it continues thus until your feet start hurting, and thoughts cease.

The street for sex is an unsightly descent, one of many that lead to the water and the docks with moored ships for the Bosphorus and Asia. On the left side of the street, bulk boxes gape with condoms. Men, mostly young, sit in groups, on walls and in stairways, smoke and talk, wait their turn. On the right side there're no windows, just a massive metal door, half open. Beyond, a little gatehouse can be seen: two cops ID and pat down the customers before they let them into the brothel.

Women don't really pass by around here, except if they get lost, except for the two of us.

T. tells me: Don't stare like a cow, and no, don't take pictures, a cop could come out. And if you could see it the day after Ramadan, the line of men is longer than the street.

Why wouldn't I stare, I say? They stare too.

I mention Flaubert, who spent a few weeks here, visited a brothel, right here in Galata. At the time he noticed—Flaubert wrote to his friend Bouilhet—seven sores on his penis, aiee! (The start of syphilis he contracted, probably, in Beirut, but that, sources say, didn't really stop him from whoring. For more information, consult the slightly biting O. Pamuk's *Istanbul*, V&R, 313.)

On the way out, toward the Galata Bridge, where the Sea of Marmara collides with winds from the Black Sea, and countless men net sardines or some similar fish, we run into a line of covered Turkish teens and many ladies under hijabs: they carry banners and Palestinian flags. While we watch them, the eyes of fishermen sail over the naked back of some tourist girl who just now crosses the bridge.

Letter to the Husband

I didn't die in the earthquake and wasn't killed by the bomb that yesterday, because of the election campaigns, exploded in Istanbul. I know the papers don't bring news about the ratio of turquoise to purple in this city, because who'd care about something like that, those concerns are for housewives. Death is news, and as for the living, things of a political nature are.

Darling, you forgot, back home we survived fear from both sides of the crosshairs.

The injustice that flesh brings, experience says, has to stop eventually.

The butchers will be behind bars, the ground that trembles will grow calm, but the deep satisfaction we call justice won't come. Still: there're many pleasures, that's what's worth focusing on.

The only fear I'll keep is a sudden interruption, some idiotic catastrophe, that will prevent me from grasping your hands, and those other little ones that used to greet me, unfinished as I was, combed my hair, and kept pulling me outside.

Not today nor tomorrow, for the whole of humanity, any way you look at it, there're no more important

news in the world than that just yesterday in Split,
you taught our little girl how to ride a bike.

Listanbon

I've got four rooms in Galata, ten windows, eight chairs.

Exactly three rooms are always empty, nine windows, seven chairs.

I've also got a balcony, and in any city the view on Bairro Alto is the same. On that balcony, in any city, you peep over the rail, by your shoulder stands a woman with a bob cut, blabbers and draws smoke from a narghile.

You don't pay attention, look downhill, down the street with drums for sale. On the street a man sings a refrain that goes something like: dying before death isn't the hardest thing, it's wanting to live after that, that's the hardest, wanting to live after that.

Today is sunny and Sunday: people and cats find pleasure in their skin. Cats watch birds. Birds take off from the square to the balcony. On the balcony, you turn towards me, deep in the background, in the dream: in one of the four rooms I sit on one of the eight chairs by one of the ten windows. You say: Wake up, we've got to go down. Finally go down to Listanbon.

Regular Life

Coffee and water. News scanned quickly, hanging the wet laundry, shopping. I like routine, it has a rhythm.

Regular life is a pleasant day with no fables.

I spread apart the curtains, and it's as if I'm with the first guests on the restaurant rooftop, as if we're eating on the same terrace.

Passing by, I tap the dirty glass for the dove on the drainpipe and set down some bread. The walks are long, and I always bring something new to the apartment, things I'll write down and in that way keep; a book or a bootleg Turkish movie with English subtitles, and groceries.

Then: photos of passersby, because people in the city are what water is in nature.

A foreign woman is sometimes comforted even by the smiles of vendors (yes, that's strangers embracing).

When the city pauses and the terraces are cleared, and the night is filled with white birds, I open the windows, count the beats of wings. I like routine, rhythm.

Princes

The calm cemetery above Eyup and the walkway between targets. This place is not about death as some frightening and mystical land.

Here, boys in white capes and polished shoes walk down wide steps, hold onto their little miraculous hats. The graveyard stairs lead up to Pierre Loti Hill like arrows: they pass beside old and new deaths straight through life. And today we are with them on an endless walk.

There's a little French café at the top: that's where Pierre Loti lived, a writer who loved Istanbul: he gave them love and its flattery, and they reciprocated with a hill.

Women in long beige frocks and silk scarves stroll with babies. Women in long beige frocks and silk scarves smoke narghiles.

I'm looking for boys in prince outfits and find them down on the square. They're proud, and they shine. Even more handsome than before. They perform. Today is circumcision day.

A father approaches me and, with a smile, offers me a piece of lokum. If I take it, maybe he gets into heaven.

Mamasafari

Mamasafari

Some people live and die worse than their cows.

When the people were taken away, cows lowed in the fields until they died.

When I talk about this to colleagues, they turn to one another, as if I'm crazy.

How do you talk about that at conferences? That's much too practical for conferences.

That's too practical even for poetry.

I remember the meadow where I cry

because I'm scared of a little dog, of the woods in which I get lost, and the dog finds me.

In the photographs they used to bring to us, shaggy new grass and wild onions had grown from the ashes.

Mom's a stranger today, and she's going on a fieldtrip, on a safari to her own country.

Are there flowers, where the two of us are going with a Gianni rental, growing from the uncle's green vertebra. Or does someone's tomato stake jut from Grandma's toothless mouth.

We'll get a rental in a nearby town.

When finally we go to our mountain.

We've been planning this safari for twenty years, every spring.

Socialism

We were happy, Mom, sister, me, in the house, and on vacation. And our father, he was a mountain of a man, with a moustache and a cigarette, a pullover, a Remarque, a canister of gas, the blue car and the radio playing.

It's golden, that pedestal among junk, just imagine April in industrial suburbs.

That's why I never shout at the dark, I sing from the dark. I pour light and gold into the deaf bowls on the hanging credenzas from the period of late socialism. I rescue coffee, flour, salt, breadcrumbs, sugar.

Maria's Story

I am five and I walk barefooted over a meadow,

and toward me comes the rain,

and in front of the rain runs a woman,

and after the woman, across the field runs a lightning bolt,

and it kills her.

Forgive me, I don't know why, but this story always makes me laugh.

Because it's true.

Mountain Aunt

We wondered where our aunt went, with her dark face and blue eyes.

She was already old, but never before had she left the village or the hamlet with hellebore and beehive.

Willful, fast and skinny, carried a rooster on her shoulder, drank rakija for breakfast, could tear a hog for bacon and cursed a lot, her stories were brilliant and her eyes bright.

Where did that peculiar aunt go, she smelled of sour udders and wool, and we ran from her hugs, and now, well, we're sorry.

They say she was taken to the city, we found her in the school gym filled with old folks, sick on a mat. She asked: is this prison, well if it isn't, why can't I go out?

And she asked: what happened to my animals?

That's where our mountain aunt with a sheep's lock in her black hair went. And I climbed atop the well in the woods and shouted a secret: fuck you, motherfuckers.

She lugged away the house with her, the meadow, the hill, the dog and me. They say a young soldier took her. She lugged away the hay-barn with her, the ram, the smokehouse, the plum orchard, the snow and the summer and me.

That's where our mountain aunt went, she didn't come back. They say my sweetheart took her or someone who looks like him.

Later on, the third army arrived too, and burned the house down. The meadow, the hill, the dog and me. The ram, the plum orchard, the snow and the summer and me.

My Mother's Body

A child is not fair, a child remembers what her body took: a kiss withdrawn in anger and when she, lightly but firmly, kicks me under the dress. Later, I remember what I gave, the deliberate sprinting into her body and big warm hugs. Her body is a string, and it's ready to retreat. Soft on the outside, cuttlefish and cuttlefish bone; inside it is broken, bone by bone.

I touch Mom with my forehead and cheeks: her sinewy existence, thin vigor. Motherhood is self-explanatory and useless like fireworks; bowls and blades, breasts too large for such a skinny body and big white teeth meant for a big smile. The thin body of my mother is bent like a question mark, a collateral victim. On the inside, she is powder, ash and blizzard.

She loses bony combs deep inside my hair, and says: where did I leave my fingers. Puts hands on my head, her head on my hands. That's it, that's it. That's how a girl cared for by good nurses smells.

Child and I

All morning long the child and I used sharp tools
from the shore

Removed numb creatures from the sea.

First we pulled them out, brought them to the
waterfront in nets:

Here's anemone sea cucumbers and some big snails
and other animals that don't bleed so

It didn't seem particularly cruel to tear and then
mash them

Yank out a secret, pearly slimy delicious heart

I taught her how to preserve a starfish

And how with a little patience she can make an
ashtray from an urchin

The sun burned and stayed with us through the
entire dirty work of

Making souvenirs

Finally, the child showed me how to kill a stone:

First you revive it, and then.

Granddaughter

In my mind I tell you a hundred times: Antica
Milica, it would've been better had you died.

Your sons are either dead or miserable.

What's this about? Too much destiny for one family.
And unpleasant nature.

I know all the things about you that I didn't know
before, while you looked after me in the unusual
box of your apartment:

Polished and fragrant, with spotless floors and sink.

Under your bedroom window, cars used to rush and
take our sleep deep into the night, into the cities
of the world.

The vegetables are raw now, the fish soup bland, the rabbit cold, the rug fringes uncombed. As if you never were.

Actually, it's even worse.

Neighborhood

This is my poor and corrupt country, this is my dirty street with ugly houses, this is the half-world I grew up with, my return to the house that's hot in summers and cold in winters, my dim-witted provincial coastal town and an escape.

This is my lousy pedigree, the lineage of lewd and small predators, the persecuted ones, the killed and the suicidal ones, family bullies, diabetics and experts with elementary school diplomas.

That's my house and my neighborhood, and this is their me.

Character

If death were a woman, if she were 36, a brunette 166 to 167 cm tall, says Saramago. (That's exactly how similar we are, I thought last summer, while reading.)

Proust makes death a fat woman, some other authors make her skinny and she likes purple.

About death, Pasolini says:

Film editor.

In my novel she was a monkey, then a parrot, finally she changed into an author's outfit, stole identity. It can be taken as a cameo. Some didn't quite understand this, they asked why that was necessary.

Luckily, there isn't a firm boundary or a border between life and literature, or between literature and death.

Because *at most we have to stick our tongue out at death*.

When I First Saw Your Face

When you were a boy with black eyes and black teeth of love, when you were a girl with black eyes and white teeth of love, when you were my high school heartbreak with lips torn from kissing, when you were a strapping, grey-eyed mariner of love, when you were my dear homegirl, when I was deadly in love with you for three unforgettable winter days, when you didn't let me come close, when I stole your boyfriend of love, when I started to love you even though you are a moron, fat and bald and married, love, when I left you for an absolute moron, left you who loved me most but wouldn't let me breathe, I knew there would be something between us, that we'd get married and make children, love, and now my daughter resembles the faces of my loves when I saw them first and forever.

A Boy and a Girl

back in the country they lay under a truck beside the big front wheel. she rested on her back, her arm leaning on the tire. her yellow sandals and her naked shin stuck out on one side, and her entire head on the other side, under the cabin. that way she could survey the whole meadow and the front of the house. in front of it their parents ran after the sick ram. she is also sick from some rare dangerous illness. in a quiet voice he said that he'd cure her with flowers. sure, if you say it'll help, she said in a hopeful voice. but hurry up so I don't die. he came back with hellebores, hyacinths, leaves of hazelnut, clovers and buttercups. she closed her eyes, the doctor, with slightly anxious fingers, took her panties off, then arranged hellebores, hyacinths, hazelnut leaves and the rest, from the navel down, and then carefully, so the flowers wouldn't break, pulled her panties up. said: now you'll be better.

A Girl and a Boy

in afternoons, during hours when they're forbidden
to go to the sea, kids run through bedrooms. two
of them lock themselves up in the coolest one,
facing north, the one that even in summers is full
of pleasant semi-darkness. no one's looking for us,
she concludes after a while. we could get naked.
but don't look. we could try that thing. aren't you
interested. she takes off her shorts and lies on the
bed. then he lies on top of her. what now, he asks.
naked they lie motionless. they are the same height
and their chests look the same. nothing, she says,
that must be it, get up, you're heavy.

the boy moves aside. his penis is small and thin and
she wouldn't touch it even if he begged her on his
knees. was that fucking, the boy asks.

she sits on the edge of the bed and cries. ooh, I must
be pregnant. oh, oh no, he cries out as well.

Property

I've got wrinkles around my eyes, smiling ones, and one near my lips, the crying one.

I'm carrying a baby, paler than honey, fresh laundry smells, the husband pulls out curls from his chest, arrives with a black spark in his eyes, and on a leash leads a gentle cat and a white skiff.

This is my property, what I acquired.

I also have a dead baby in my stomach, in the hospital dump, half of dead father in the grave, under the vase, his legs in the hospital dump,

and dirty laundry and socks with holes, like everyone else from our beach I have,

those I never got over, those I did, the sick ones and the fucked ones...

A family blown out by a grenade, and finished off by a bureaucratic knife.

I even had this fool for whom I suffered a few years, if he were a disease, I would've died, this way nothing.

I've also got thunderous sisters with many husbands and children, they get straight A's on their report cards and we give them money.

My mother finds me, and says: Sunshine, you put me together with the Earth.

I've got books, a desk, a chair. I don't need more than two cubic meters for what I am and what I will be in death, and I've got more than that.

I grew up, that's what my property tells me:

When we were little, tears used to be hot, now they cool us off.

When we were little laughter made our stomachs hurt, now we laugh so it won't hurt.

Everything that is happening already happened.

The Blue Shoes

those shoes we couldn't agree on

aren't they green after all? I left them under the bed
in hospital room 52

they were still soft and unworn and maybe

the face in yellow that would show up in the
mornings

took them as its niece.

in the hallway the sharp odor of female blood fades:

black before and pale red after.

as a child I read about queens and the roses that
grew in their footsteps,

but what have my shoes left behind, other than
spotting?

Woman and Blood

I watched the women in the hospital, they waited in the hallway, and under their flannel gowns blood dripped onto the tiles.

On the bedroom wall a poster of Jesus Christ used to hang. One said: What's he doing here, what does he know?

Her stomach smiled at her like a snowman and it stayed that way for a long while, and the child died.

Still the rest of us, women from the hallway and the room, gave birth to death.

Most of the time I don't want to think about things that happened when I was helpless and angry, full of blood.

Because maybe it's unfair that I think I gave birth to you three times, yet I brought you into this world once.

When you play beside me on the shore in the early spring, I imagine your sisters: I never caress them and they cry.

The Start of the Summer

After the loss I am left wondering

When did I gain all this

—already recklessly spent—wealth.

After all I must've enjoyed

Walking under a white hat along the edge of the beach and throwing children into the waves.

My husband would walk up to me and squeeze my hand:

Are we happy now?

I'd get startled, my brows would gather like clock hands converging at six thirty, and I'd say:

Let's fold the lounge chairs, dinner's coming up.

We've got enough time for one more cold coffee.

And then very slowly head home.

(Please remember, as I brush sand grains off your shoulder:

I've always done it so I don't crush you.)

35 Years of Lies

1. I lie, I'm neither hungry nor wet, I'm not cold. I cry so you'll hug me, because I'm scared you'll disappear.

2. I lie by crying for you to hug me, because I fear you won't give me that toy, that toy, this toy and that colorful toy there, the keys and the cell phone.

3. I lie about you hitting my head hard with that bucket, because I hate you like a dog, because I'm scared you'll take what's mine what's mine alone.

4. I lie that I accidentally broke the vase, I threw it on the ground so you'll notice me, because I fear that when you talk to your friends you care about them, and not me.

5. Mine is prettier than yours. Mine is stronger than yours. Yours is yours, and mine is better. Because I'm afraid that I'm not a good girl and that I'll disappear.

6. I lie about eating the soup or the rosehip jam. I spat the soup into the flowers, the rosehip makes my mouth itch, I hid it under the bed. Because I'm scared that you'll force me to eat everything. And how would you like to eat the newspapers, the sand, the soap and such.

7. I lie about being frightened, because I'm scared that everyone will expect me to be brave and do brave things.

8. I lie, claiming a twin sister, because I fear that solitary and excluded I won't be exclusive enough.

9. I lie about having lied, because I'm scared you'll beat me.

10. I lie about my fear, so that they'd take me into their bed, because I'm scared I'll grow up.

11. I like to make things up. I keep making things up and talking about them as if they're true. I lie because I'm afraid that my stories won't be credible. I say: for real and swear on mother's grave.

12. I lie about disliking the fat girl and being mean like the others: I feel sorry for fatty, but not being a good friend to the rest frightens me more.

13. We lie, we knew everything, but we didn't feel like going with the rest of you, we were scared we'd be bored. Us, lying?

14. You're disgusting, because I'm afraid I love you, and you're disgusting.

15. I lied to you and to myself when I said I was interested in you, because you're so normal and

uninteresting. I read about the girl who sold her dog because she was scared to fall in love with the dog.

16. I lied that it didn't matter, you caring more about friends, and I'm scared that I'll die if everyone finds out that I'd die without you.

17. Beginners: I pretended debauchery, because you pretended experience. Such liars, because we were frightened.

18. I lie about being sick, because I'm scared I won't make it. Delete.

19. I lie. I'm hungry, but I'm scared that if I eat I'll increase the volume of meat and mortality.

20. I laugh even when I'm insecure, humiliated, frightened, when I'm uncomfortable, because I'm scared that they'll feel sorry for me.

21. I lie, saying I'm not happy! I'm too happy! But I'm scared that my happiness is tasteless, that my happiness will offend you.

22. I lie when I say I'm leaving because you're evil, cruel and rough. You were, but I'm scared that you'd be more hurt if I say the truth that I don't want to go to Zaragoza with you and that I want to sleep with many others.

23. I lie about despising money, because I'm scared that I love it.

24. I lie about despising comfort, because I'm scared that I couldn't take another year without silky cotton and shea butter.

25. I lie when I say I'm ready to give birth to children, because I'm afraid that's just another way to escape from myself.

26. I lie. I say I can manage a child screaming at night, because I'm scared that if I say that I won't be able to handle even a day of it, that I'd go straight to the madhouse.

27. I lie about wanting a conventional life, because I'm afraid to accept that I'm sick of the path of least resistance.

28. I lie when I say I love my lovers, because I fear that we're not experts in love, just in special effects.

29. I lie about being more stupid, crazy or weak than you, because I'm afraid of your stupidity, unscrupulousness and bad breath.

30. I lie in claiming I'm not addicted to TV, candy, sex, internet, cigarettes, shopping, money, because I'm scared we're cursed.

31. I lie, because they terrify me with the truth.

32. I lie less, I fear it's not worth it.

33. I lie when I say I can save you from evil, because I know the truth will terrify you.

34. I lie about having an answer and that I cure by kissing the forehead, because I know that the truth will terrify you.

35. I lie like a dog when I say that for you I'll live forever. Still, I'm ready.

Above Ravenna, Lisbon

My darling doesn't love me, the way I don't love everyone else.

With some dull warmth and fondness, he doesn't want to kill me sometimes, he doesn't lose his mind, doesn't run through the night, doesn't leave women in front of televisions, at midnight doesn't say: come, I'm coming.

The sand we walked on, but didn't sink into, his respect instead of low jealous tones, his obligations instead of his head in the clouds while he holds me, while I carry him, high in his arms like the mad sun above Ravenna, Lisbon. True, he gets hard when I'm around, but he manages to deal with it. And while we make love, the phone always rings.

Why would I eat paper, when I could write on it? So much about that kind of love.

Assassination

do you ever wonder what your revolutionary girl is up to. for whom does she braid the leash on the barricades. whom does she betray. whom does she undress behind the thick flags.

she was seen when the new suffragettes rushed to the committee: against meat, against fur, against cow's milk, against the troops. for justice and our city.

they met her at a parade while she was seducing the bald stereotype on both sides. she was always subversive and she swore: there hasn't been a real revolution lately.

she withdrew her dark eyelashes into the woods like a sad guerilla. that satiated la pasionaria who shaved her legs with your wife's razor. and whispered: my gorgeous, my big gorgeous.

certainly she'll plant a bomb under your ribs. she'll turn the key, when you think the era of peace begins. and privileges.

Control Freak

Some actor said: when you meet a woman who always gives you a hard on, marry her, that's the best recipe for happiness. I suppose the reverse is also true: when you meet an actor who you'd always kiss in the cinematic way, snatch him.

Things are simpler than they say.

Be patient, work in a field until the field is automated. Some fly easily, some, just to jump over a row of benches, need fat kinesiology books.

When you forget the things you know from books, sit, write a poem. Don't think about how you taste while a tongue explores you. Or think all the best.

Quiet Silver Man

the first years of marriage her husband dreamed of
grenades scattering him. his war year, is that the
chapter that explains him.

sometimes she senses a simple star above him that
lulls him to sleep.

apart from that they don't exchange too many words
or kisses.

he's got a toned torso, and his body hair is thick and
plush and no he's got no decorations and no scent,
except when he stinks like a scared boy.

when he screams in sleep, his wife draws his grey
head to her uncertain heart.

Summer '91

But there was something exciting that July on the beach covered by construction materials.

Warships waited for the order. The grenade launcher could have broken our Romanian-gymnast hearts.

Supple and empty.

There was really nothing going on except the boring war, and soon you got married to escape the strict fathergod.

Then on the beach in '91, we waited for the boys to return from the war, but they returned dead and insane. We dreamed we were two rich plastic bitches in white bathing suits, and below us was California. And the sailors would come and each one would have the muscled diction of Dean Martin and a gelled wave in his hair. In the realm of war and politics, we never existed.

So look at the fiery cruise ship. Imagine sailors are coming to us.

All will be well. You just have to take a breath and straighten your shoulders.

New Hero of the Street

Dude, you're the hero of the street and the park and the square and the stadium. Buddies applaud you, a few older males approve, a few girls scream, hysterically happy. You're drenched and hyped, you've done an important thing. You threw a rock at a faggot. You threw a rock at a gypsy. Threw a rock at a Serb. You fucked a Jew's mother. You broke dykes' cunts. You beat the beaten ones, burned the burned ones, put a badge on the marked ones, stoned the battered ones, persecuted the persecuted ones, and you'll stay awake and strong, because they'll show up again somewhere with their sick songs about love, with their insane songs about beauty, with their freak songs about freedom.

Dude, you're the hero, you're in the crowd and the crowd cheers, from channel to sofa they support you in silence, they have faith in you at the altars, you're a golden young man, you're the miracle of the system, worst case scenario, they tolerate you. You are seventeen and you signed the wall: DEATH.

Some People

when born some people get taken home by happy families. they hug and cuddle them, sometimes reprimand them, they buy them as many things as possible, look after them when they are sick, wash them with mild soap and take them to the sea and look after them when they fuck up. they have friends and finish schools get jobs in their fields something that excites or delights them, and they find love and then perhaps children happen to them, two, three, healthy, a tad mischievous. they love and they listen to music, then small financial problems, an occasional quarrel, perhaps even an affair happens, though not as likely, nothing life-threatening, and even the relatives don't get involved much. afterwards they turn out better people. in case of a war or catastrophe, poverty, some people are spared. later on, in their old age, their parents die from old age, children happen to their children, yet some people still enjoy good health, then come small issues with eyes, perhaps gastritis, arthritis, so then, slowly but contently, with similar people who have white hair and fragile bones, they sail to the Mediterranean countries or take a bus over central Europe, and when they are home they look after grandchildren, blow into the fire and decorate the Christmas tree. some people bake cookies till they die.

Kolja

kolja has issues with his eyes, so he sees those who come directly to him, but he can't see those who approach him from, or pass by, his side.

because of these issues, during lunch in the outdoor cafeteria, he puts drops under his eyelids and looks up at the treetops and the pavilion.

meanwhile the man at our table talks about an arab who arrived on some montenegrin beach and unrolled a kilim, a real living room rug. and the whole arab's family, and it was a large one, bathed in the sea and sat on that massive kilim. stretched on the yellow sand, between umbrellas.

some at our table were quiet, some surprised, some laughed.

kolja, while still looking at the sky, asked: what color was that kilim?

don't know, probably colorful, a kilim is a kilim.

but what was the dominant color, red, gold, torquise, dark blue? kolja still keeps looking at the treetops and the pavilion. what was the dominant color. and what was the design like. that's most important when we talk about a kilim.

about a gabbeh, ushak, tabriz, kazak, kashan, sarūk, nain, mir, isfahan, kerman….and others.

Bicycle

Praise the bicycle! The bicycle and I are a centaur.

Among all the things that travel, a bicycle has the right measure, especially: the speed of its movement, the strength with which it gives and takes, in happiness.

In happiness,

that isn't pure luck, or a gypsy festivity,

hums a quiet, simple organism.

Happiness

is the tame heart of this metal animal.

Praise the bicycle that took me from my street through the triumphal arches of forbidden hotels and beaches, always a little faster than the security guard.

Praise the bicycle on the slope that saved us, blinded by the sun and dust, from the village dogs.

Praise the bicycle I climbed up for love on one end, and then lowered myself for love on the other end of the city, without the bicycle I never would've made it, young, fast and full of love.

Glory and praise to the diligent bicycle with the baby seat, and the one without the brakes, to the one for airing skirts on wooded trails, as well as to the one that survives on the pavement.

And especially, glory to the kickstand that you installed on our bicycle afterwards, because, as soon as the crazy ride stops, that little support is necessary for balance.

Anika

Anika showed up at the door with flowers, then her dad walked in, a large man with a few grays in his thick black hair.

I grew up with him, we were inseparable, yet we haven't seen each other for twenty years, since the beginning of the war.

And now, here, Anika (4).

She walked in with a spray of yellow dandelions, picked in front of the building, for me.

Outside is spring, outside is the bus that will take me away, that passes by the river, and the houses with no eyes that I used to know, those fields I will simply go past, and the dogs with no people.

But that will be tomorrow or perhaps yesterday.

Now Anika, small and sweet like happiness, speaks: I picked flowers for you, and the next moment she is high in my arms. I'm happy, says the child, so happy.

In the voice we once used to tell secrets, I softly whisper to him: don't ever tell her. Her father sits beside me.

They Wrote Books

They gave birth to children. Bodies flew, tsunamis screamed, earthquakes abounded, and so did Ebola, war camps, nuclear weaponry, poverty, capitalism, injustice, bitter injustice, in addition to human overpopulation. They knew all this and still brought children into the world. So that unrequited love, everlasting slaughter, hurts a hundred times more.

Optimism is such irresponsible behavior. The more conscious ones, the stronger ones, the better ones and the cynics gave up on their posterity. What revealed them is the books they wrote. And so it hurts a little more, that unrequited life.

Because people are fools, full of unfounded hope, meaningless courage, desperate faith, laughable love.

Still, it can't be denied:

People are full of hope, courage, faith and love.

Soundtrack for Blind Passengers

An Apprentice

so much silk unrolls

continually under my skin

that the guardians had to move me

to the temple

among the clergy of the tavern

they said, here, little one,

you'll learn how to write by throwing a leg over
the wind

and with the wind over the city seas

you'll learn the trade

of flinging flying pencils

(so with eyes closed you unknot the navel

and cut the nipple)

I saw how crazy teachers sing and kiss

how they jump over the linden and the water tower

sometimes tipsy they run along the walls of houses

but in the morning they soberly sweep their naked
rooms

gently dress their naked women and young men

and bind what's left of their hair

into bundled sentences

hover over holy keyboards

I first mastered homemaking

I folded all the silk into bales

like in a little fabric shop

it took me thirty years

and I'll need that many more

to sort the word buttons

and all of their use

meanwhile, I'm afraid,

the teachers will get old, finish smoking their pipes of hope

and with them both courage and wisdom

I worry about what will happen to their bones in the books

not a living soul will be able

to assemble a poet

Bossa Nova

let the summer tremble before our door

don't open let it die from desire

we will laugh naked and tanned

and keep trying on the lady's dresses

we will dance all day little girls

by the old gramophone

lazily like cats

turn on toes on heels

your arms raised

my hands at my waist

now sailors call us beneath the window

they know our names

you're plum jam

and I bitter orange

A Day at a Fair

I have a gorgeous daughter

today in my convertible

I take her to the fair

above us picnic weather

by the street

people with firm jaws

chew gum

and lift their hats in greeting

I have a gorgeous daughter

I kneaded her from pale flesh

from my own health

at night while we sleep on the pillow

her gold hair coils

through my black

and by day we happily go down to the beach

today in my convertible

I take her to the fair for the first time

I'll buy her anything she desires

colorful golden and useless things

just to hear her laugh

on the way back we'll sing

a song about a bird

I tell you, I have the sweetest daughter

I drive her slowly so she can see

the world I assembled for her

from brightest towns

and the street which I used to

walk down to the sea

for her I stretched into infinity

Wednesdays

on Wednesdays I used to pick you up at the end
of the street

it was always cloudy or hot

usually the traffic was awful

no scene ever bloomed in the window

such a long queue and washed-out landscape

nothing to drag us from silence

that was at least ten years old

what could a woman like me say

to a man who raised her

sometimes on Wednesdays I used to lose you in
the hospital

I dove among the bodies of sick old men

looked for you in narrow waiting rooms

they watched me in all the wings

like I was an intruder from heaven

on the way back the steering wheel was damp with
sweat

usually I didn't hang around a minute longer

than was necessary

so much waited for me

I needed to surface into the air

today is Saturday

what do you think while you lie in the room number
five between two strangers

and hear the beat of evening-shift doctor's clogs

last Wednesday we packed your things in a little
black bag

again the traffic wound through the burnt panorama

we crossed the rug of fine cement dust

just once at a stoplight I stole a glance at you

saw a child

The Departure of Little Admirals

our street is silent but at nights

I hear the snore of the city

its flat sound in the background

the smacking of lips when it turns in its sleep

tonight all the admirals leave the harbor

they'll cast off the little skiffs

seek another world

silently while the fat city sleeps

with no pomp just stealth

they'll slide into the dark sea

cut the night wave

somewhere on the open sea the engines will grumble

the odor of oil and stale sea

the scent that rocks in the belly of the boat

the wind will carry back to the port

and in the morning

what will we do without them

that's why my trunk is always ready

to a desert island I'd bring

a metaphor

Berlin Room

I could live in this large room

and wait for the summer to appear above the graffiti

someone already left their sandals behind

—I see myself departing in them down e. strasse

I could be a German actress

who in the next scene falls in love

in the shadow of bombers

but the room keeps pulling away

and the beast of Berlin strips me like a nightshirt

what will remain of me

is a little bit of air tramped into the carpet

a bite mark on the sweaty pillow and a departure

here many women slept in passing

Humbert

More time passed than was necessary

For her to sit beside you and happily with both hands

tap your head like a bongo. My father, old lover.

That time starts when she imagines going down
to the harbor

By the rampart, but the turn's sharp, the skin from
her left shoulder tears and the chassis breaks

Every few summers you seek names for your boat

You call and ask her opinion, talk about parents and
kids, about marriages

That are mostly happy and about health, work

She says: you were right, I forgot you like I forgot
my fourteen-year-old breasts

She thinks of you when she sees a bus conductor:
white pants, never too clean

And more often she remembers your little dog that
rolled bones down the long hallway

Of the house. And the waterfalls.

But since the accident everyone ran out of her
dreams like mice—except you.

And look, you now march under a strange order, hers

You smoke and drag clogs on crooked hairy legs

And she walks beside you in a sleeveless shirt

Too short to cover her ass snatch thighs

Hopelessly she pulls it down, and you, even though
indifferent, see her problem

These are just her dreams, but even in reality you'd
say to her:

Don't worry, walk naturally, I'm next to you,

After all, my old daughter, my young lover,

We're alone on the road, after all.

Tail

Fish tail, or the tail of a lizard, of a bull or of a tin star

We miss it, the many women and men. The flamboyant one,

The animal one, but the finest would be a sharp cat's or some dog's,

Of a more serious kind. A simple tail would give me measure. It would, after all, hold me

Together. I could hold onto the tail in this absence of support. Everything is

Dust and liquid, and a tail could beat and break that, a tail could rise up Absolutely.

Stop me like a mystery inside a room.

Complete me.

Burst the punctuation.

The tail of a butterfly that's called swallowtail, or of a rattlesnake, which is perhaps the most beautiful one.

There was that atavistic tail, back in his childhood they removed from

My father. They told me it was his twin, and today,

If I think about that, what they said makes perfect sense.

I finally know what I miss, just like more-or-less

All the people I know. Even an occasional Doberman is left with that longing.

I'd like to drag all the tails behind me, and flounce a peacock's tail.

To so many directions, possible finials, I'd be saying:

Little endings. Then I'd be finally in place,

Perfect. I'd know how much of me fits in the jar, how much

Inside an elbow, in an acre of land, on a town square, in two hundred hours,

Several quires and a passed goblet;

      And where I direct it all.

Most importantly: then I could put salt on that handsome tail, drag

This desk to the window, the cigarette and laptop.
With that ending

Begin.

mamasafari

Olja Savičević

Istanbulske razglednice

Dvoje

T. mi pokazuje jedan grafit na zidu zgrade, priča da je prije nekog vremena netko po cijelom gradu ispisao: Preklinjem te, ne vraćaj se.

To je strast, kaže T.

Kako znaš da nije poruka treneru nogometnog kluba? Ili političaru?

Pitam.

Misliš?! Ma nije, ne vjerujem. Ali palo mi je na pamet da su to možda napisali Orhanu Pamuku kad je bio otišao iz Turske.

Malo šutimo i hodamo istanbulskim ulicama. Ja i dalje mislim da se radi o nogometu, ali ne upirem, ipak je ovo njen, a ne moj grad.

T. grabi ispred mene i više za sebe kaže: Ma to ti je nešto između dvoje.

Vrag i sloboda

S vragom sam se našla u osam ispred džamije na Galati i on je odmah počeo pričati o slobodi na način zbog kojeg sam pomislila da je urednik nekih novina ili diplomat.

U gradu si u kojem postoji baš sve i ne poznaje te baš nitko, jesi li spremna uzeti to, pitao je.

Ali ja nikad nisam sasvim spremna i nikad me nije zanimalo sve.

Vrag zakoluta očima, odvuče me u prvu mehanu, pa u sebe trpa delicije s menija: janjeće i pileće kebabe, punjene patliđane, japrak-sarmice, rakiju od anisa, ananas na štapiću, paprike s orasima, crni čaj i bademe na ledu, školjke, čorbe, ključali humus, marinirane skuše, bureke i baklave, goveđe salame i sufle vulkano, ovčji sir s nanom, pa džigericu i nekoliko kocki šećera.

Mora da si jako gladan? pitala sam uviđavno. A vrag uzme štrkljavog konobara očalinka, umoči ga u jogurt i zagrize, ispljune naočale, zadovljno podrigne i kaže: Uzmi sve što ti život pruža.

Ali ja nikad nisam sasvim spremna i nikad me nije zanimalo sve.

Zatvorim oči, čujem grad

Orhan Veli Kanik

Ujutro to je tihi saksofon s terase obližnjeg bara, ovdje gore na najvišem katu; galebovi, druge ptice, i čest zvuk brodske trube sa Zlatnog roga, ulični radovi, povremeno fragmenti razgovora sa stubišta, tuđi jezik. Nadljudski glas s minareta prati grupni mrmor iz džamije, a kasnije jave se vrišteći, sa sokaka, sitne mačke, izbliza umiljate i malenih glava, pa istočnjački ritmovi, pjevačica tužnog glasa, prodavači ribe i začina, performeri s instrumentima kojima ne znam nazive. Na ulici Istiklal jedan starac pjeva i umire, unuk mu pridržava mikrofon. Ne čujem zvono tramvaja i neki mladić s velikim bijelim zubima, skoro dijete, miče me s tračnica. Njegovi prijatelji se veselo smiju kad kažem: spasio si mi život. Taksisti, konobari i trgovci iskaču iz svojih kutija, nude sve za nekoliko lira: madam, lejdi, skinite naočale lejdi, da vam vidim oči. Ljudi i psi i automobili, buka navijača. I srce puno krvi koje nabija u ušima, uho koje trepće kao oko: grad je DJ i ima barem 50 milijuna ruku kojima vrti ploče na pozlaćenim pultovima, na mesarskim pultovima, na trgovačkim pultovima, na svetim pultovima i barem 50 milijuna ljudskih, psećih, mačjih, gumenih nogu, nogu koje plešu ko da im gori pod stopalima i šapama, kao da se tlo izmiče, kao da sve to izmiče razumu.

Žena pod šeširom

Šarenom cestom preko Bešiktaša, zaputila sam se u Ortakoj.

Taj Ortakoj je nestvarno mjesto, ali tri sata angažiranog hoda — to ne spominje nitko. Drugačije su ovdje relacije.

Uz cestu prolazi milijun žena, a nijedna šešir nema.

Ribari u luci, taksisti u taksijima, vjernici pred džamijom, čuvari s puškama, djevojčice kraj česme: neka strankinja pod širokim obodom.

Za natrag ipak, ne budi luda, hvatam autobus do Taksima, kondukter kaže: lira i nešto sitno. Čini mi se baš smo zaglavili u jednoj od tri beskrajne kolone, a nitko nikome ne psuje mater, putnici prate stvari kroz prozor. Zirkam u njih (možda nešto znaju), oni u mene (pod obodom). Pola sata ne znači puno. Dragačije su, ima bit, relacije.

A na Taksimu milijun žena, ali nijedna šešir nema.

Mala ulica za seks

Živim u shopping centru svijeta, radi od 0 do 24. Postoje, na primjer, ulice za rasvjetna tijela, pa kad to krene nikad kraja svjetiljkama, čipkastim abažurima, lusterima, žaruljama svake fele; zatim ulica vijaka i matica, pa beskrajan niz ribljih restorana, jedan sokak gdje se mogu kupiti ovčje glave i iznutrice kakvih nema ni u anatomskim atlasima. Nedaleko je i crveno-crna ulica sa jazz klubovima, pa ćilimi, ćilimi, ćilimi, a svaki leti, aleje baklava i lokuma, izlozi po kojima curi meso i med i tako redom, dok ne zabole noge, a pamet stane.

Ulica za seks je neugledna nizbrdica, jedna od mnogih kojima se može spustiti do obale i dokova uz koje su privezani brodovi za Bospor i Aziju. S lijeve strane ulice otvorene su kutije prepune kondoma rinfuzo. Muškarci, uglavnom mlađi, sjede u grupicama, po zidovima i ulaznim stubištima, puše i razgovaraju, čekaju svoj red. S desne strane nema izloga, samo ogromna metalna vrata. Jedno krilo je otvoreno i vidi se kućica na kapiji: dva policajca legitimiraju i pregledavaju mušterije prije nego što ih puste u kupleraj.

Žene ovuda baš i ne prolaze, osim ako ne zalutaju i osim nas dvije.

T. mi kaže: Ne bulji tako ko seljanka i ne, nemoj ih fotografirati, mogao bi izaći policajac. E, da vidiš kako je dan nakon Ramazana, muški red je duži od ulice.

Što ne bih buljila, kažem, bulje i oni u nas.

Spominjem joj Flauberta koji je ovdje proveo nekoliko tjedana, pa posjetio i neki bordel, ma baš ovdje na Galati. A otkrio je tih dana — piše Flaubert svom prijatelju Bouilhetu — sedam ranica na penisu, ajme. (Početak sifilisa koji je zaradio, valjda, u Beirutu, ali to ga, navode izvori, nije osobito sprječavalo u kurbarluku. Za više informacija konzultirati pomalo zajedljivog O. Pamuka, "Istanbul", V&R, str. 313.)

Na izlazu, prema mostu Galata, gdje se sudaraju vjetorovi s Crnog i Mramornog mora, a mnoštvo ribara lovi srdele ili neku sličnu ribu, naletimo na kolonu pokrivenih turskih tinejdžerki i mnogih gospođa pod hidžabima: one nose transparente i palestinske zastave. Dok ih pratimo pogledom, oči ribara plove na golim leđima neke turistkinje koja upravo prelazi most.

Pismo mužu

Nisam poginula u potresu i nije me ubila bomba koja je jučer, zbog predizborne kampanje, eksplodirala u Istanbulu. Znam da novine ne donose vijesti o omjeru tirkiza i purpura u ovom gradu, jer koga bi takvo što zanimalo, to su stvari za domaćice. Smrt je vijest, a od živih stvari one političke naravi.

Dragi, ti si zaboravio, preživjeli smo strah s obje strane nišana, bilo je to doma.

Nepravda koju nam donosi tijelo, kaže iskustvo, mora jednom prestati.

Svi krvnici će iza brave, umirit će se tlo koje podrhtava, ali zadovoljština koju nazivamo pravdom neće doći. Ipak: postoje mnoga zadovoljstva, na to se isplati koncentrirati.

Jedini strah koji ću zadržati je onaj da će me iznenadni prekid programa, neka idiotska katastrofa, spriječiti da zgrabim tvoje ruke, i one druge sitne, koje su me dočekivale nespremnu, češljale i uporno gurale na zrak.

Ni danas ni sutra za čitavo čovječanstvo, kako god okreneš, ne postoji važnija vijest na svijetu od te da si našu malu, baš jučer, u Splitu, naučio voziti bicikl.

Listanbon

Četiri sobe imam na Galati, deset prozora, osam stolaca.

Bar tri sobe su uvijek prazne, devet prozora, sedam stolaca.

Imam i balkon, u bilo kojem gradu pogled je isti na Bairo Alto. Na tom balkonu, u bilo kojem gradu, ti se nadviruješ preko ograde, do tvog ramena stoji visoka žena s bob frizurom, brblja i uvlači dim iz nargile.

Ne slušaš pažljivo, gledaš nizbrdo, niz ulicu u kojoj prodaju bubnjeve. Na ulici čovjek pjeva refren koji glasi, otprilike: nije najteže umrijeti prije smrti, najteže je htjeti oživjeti iza tog, najteže je htjeti oživjeti iza tog.

Dan je sunčan i nedjelja: ljudi i mačke uživaju u svojoj koži. Mačke promatraju ptice. Na balkonu ti se okrećeš prema meni, duboko u pozadini, u snu: u jednoj od četiri sobe sjedim na jednom od osam stolaca pokraj jednog od deset prozora. Ti kažeš: Probudi se, moramo sići dolje. Napokon sići u Listanbon.

Standardan život

Kava i voda. Vijesti pregledane na brzinu, vješanje mokrog rublja, odlazak u trgovinu. Volim rutinu, ima ritam.

Standardan život je ugodan dan bez fabule.

Razmičem zavjese i već sam blizu prvim gostima na vrhu restorana, izgleda kao da doručkujemo na istoj terasi.

U prolazu kucnem na prljavo staklo grlici na odvodnim cijevima i spustim joj kruh. Šetnje su duge i u stan uvijek donesem nešto novo, stvari koje ću zapisati i tako zadržati; knjigu ili presnimljen turski film s engleskim titlom, i namirnice.

Zatim: fotografije prolaznika, jer u gradu su ljudi ono što je u prirodi voda.

Strankinju ponekad tješe i osmjesi trgovaca (da to su zagrljaji među nepoznatim ljudima).

Kada grad predahne i terase se isprazne, a noć ispuni bijelim pticama, širim prozore, brojim udarce krila. Volim rutinu, ritam.

Prinčevi

Bezbrižno groblje poviše Ejupa sa šetnicom između nišana. Tu se ne radi o smrti kao o strašnoj i mističnoj zemlji.

Tu su dječaci u bijelim plaštevima i blistavim cipelama koji se spuštaju niz široke stube, pridržavajući čudesne kapice. Stepenice kroz groblje penju se na brdo Pierre Loti kao strijele: prolaze posred starih i novijih smrti ravno kroz život. I mi smo s njima danas u beskrajnoj šetnji.

Gore na vrhu mala je kavana u francuskom stilu: tamo je živio Pierre Loti pisac koji je volio Istanbul: dao im je ljubav i njena laskanja, i oni su mu uzvratili brdom.

Žene u dugim bež mantilima i svilenim marama šetaju bebe. Žene u dugim bež mantilima i svilenim maramama puše nargile.

Tražim dječake u prinčevskim odijelima i nalazim ih dolje na trgu. Ponosni su i svjetlucaju. Jako su se proljepšali. Oni nastupaju. Danas je dan sunećenja.

Jedan otac mi prilazi i s osmijehom nudi lokum. Ako ga uzmem možda će stići u raj.

Mamasafari

Mamasafari

Neki ljudi žive i umru gore od svojih krava.

Krave su do smrti mukale po poljima kad su odveli ljude.

Kad to ispričam znancima okrenu se sebi, kao da sam luda.

Kako o tome pričati na konferencijama? Za konferencije to je previše prakse.

To je previše prakse čak i za poeziju.

Sjećam se livade na kojoj plačem

jer se bojim malog psa, šume u kojoj se izgubim, a pas me nađe.

Na fotografijama koje su nam donosili, iz zgarišta je izrasla čupava mlada trava i divlji luk.

Mama je danas stranac i ona ide na izlet, na safari u svoju zemlju.

Ima li tamo, kamo putujemo nas dvije rentakarom Gianni, cvijeća iz nezrelog ujakova pršljena. Ili taklja za nečije rajčice viri iz bakinih bezubih usta.

Iznajmit ćemo apartman u obližnjem gradiću.

Jednom kad odemo na našu planinu.

Planiramo taj safari dvadeset godina, svakog proljeća.

Socijalizam

Bile smo sretne mama, sestra, ja u kući i na izletu. Pa naš otac, živo brdo bio je on, s brkovima i cigaretom, pulover, Remarque, kanta benzina, plavi auto i pjesma na radiju.

Zlatan je taj postament među krntijama, samo zamisli april u industrijskom predgrađu.

Zato nikad ne vičem na mrak, ja pjevam iz mraka. Svjetlom i zlatom zalijevam gluhe zdjele na visećim kredencama iz perioda kasnog socijalizma. Spašavam kavu, brašno, sol, prezle, šećer.

Marijina priča

Imam pet godina i bosa idem livadom,

a prema meni ide kiša,

a ispred kiše trči žena,

a za ženom preko polja trči munja

i ubije je.

Oprosti, ne znam zašto, al ova me priča uvijek nasmije.

Zato što je istinita.

Planinska teta

Gdje je otišla naša teta sa crnim licem i plavim očima, pitali smo se.

Bila je već stara, al nikad prije nije napuštala selo i zaselak s kukurijekom i košnicom.

Svojeglava, brza i mršava, nosila je pijetla na ramenu, za doručak pila je rakiju, mogla je rasparati svinju za slaninu i puno je psovala, njene su priče bile sjajne i njene su oči bile blistave.

Kamo je otišla ta osebujna teta, mirisala je na kiselo vimc i vunu i bježali smo iz njenog zagrljaja, a sad nam je, eto, žao.

Kažu da su je odveli u grad, našli smo je u gimnastičkj dvorani sa starcima, bolesnu na školskoj strunjači. Pitala je: je li ovo zatvor, pa ako nije zašto ne smijem izaći?

Pitala je i: što je s mojim životinjama?

Tamo je otišla naša planinska teta s ovčjim pramenom u crnoj kosi. A ja sam otišla nad šumski bunar i viknula tajnu: jebem vam mater svima.

Odvukla je za sobom kuću, livadu, brdo, psa i mene. Kažu da ju je odveo mladi vojnik. Odvukla je za sobom sjenik, ovna, sušaru, snijeg i ljeto i mene.

Tamo je otišla naša planinska teta, nije se vratila. Kažu da ju je odveo moj dragi ili netko njemu sličan.

Kasnije je došla i treća vojska i do temelja spalila kuću. Livadu, brdo, psa i mene. Ovna, šljivik, snijeg i ljeto i mene.

Tijelo moje majke

Dijete nije pošteno, dijete pamti što je njeno tijelo uzelo: u ljutnji uskraćen poljubac i kad me lagano, ali odlučno rine pod haljinom. Kasnije pamtim što sam ja dala, namjerna zalijetanja i velike srdačne zagrljaje. Njeno je tijelo struna i spremno uzmaknuti. Izvana meko, sipa i sipina kost, iznutra je polomljeno kost po kost.

Čelom i obrazima opipavam mamu: njen žilavi život, tanku energiju. Majčinstvo je samorazumljivo i bespotrebno kao vatromet; zdjelice i lopatice, prevelike grudi za tako mršavo tijelo i veliki blijeli zubi predviđeni za veliki smijeh. Mršavo tijelo moje majke povijeno je kao pitanje, kolateralna žrtva. Iznutra ona je puder, pepeo i vijavica.

Zaboravlja koščate češljeve duboko u mojoj kosi, pa kaže: gdje su mi ono prsti. Polaže ruke na moju glavu, glavu na moje ruke. Tako, tako. Miriše djevojčica koju njeguju dobre sestre.

Dijete i ja

Cijelo smo jutro dijete i ja služeći se oštrim oruđem s obale

Vadile nijema stvorenja iz mora.

Prvo smo ih izronile, mrežicama izvukle na rivu:

Tu su morska sisa trpovi i nekoliko velikih puževa i ostale životinje koje ne krvare pa se

Nije činilo posebno okrutno raskidati ih i zgnječiti potom

Prstima iščupati neku tajnu sedef sluzavo ukusno srce

Poučila sam je načinu na koji se zvijezda priprema za sušenje

I načinu na koji od ježinca uz malo pažnje može izraditi pepeljaru

Sunce je pripeklo i čitavo vrijeme bilo s nama u tom prljavom poslu oko

Proizvodnje suvenira

Napokon, dijete mi je pokazalo kako ubiti kamen:

Prvo ga oživiš, pa onda.

Unuka

Sto puta ti u sebi kažem: Antice Milice, bolje da
si umrla.

Tvoji su sinovi mrtvi ili nesretni.

O čemu se tu radi? Previše sudbine za jednu obitelj.
I neprijatna narav.

Znam sve stvari o tebi koje nisam znala nekad, dok
si me čuvala u neobičnoj kutiji svog stana

Ispoliranog i mirisnog, bez ijedne fleke na podu ili
sudoperu.

Ispod prozora tvoje sobe jurili su automobili i nosili
naš san duboko u noć, u gradove svijeta.

Povrće je sirovo, riblja juha neslana, zec hladan, rese
na tepihu nepočešljane. Kao da te nije ni bilo.

Ustvari, još je i gore.

Komšiluk

Ovo je moja siromašna i pokvarena zemlja, ovo je moja prljava ulica s ružnim kućama, ovo je polusvijet s kojim sam odrasla, moj povratak kući u kojoj je ljeti vruće, a zimi studeno, moj zatucani provincijski gradić na obali i bijeg.

Ovo je moj loš pedigre, loza bludnih i sitnih grabežljivaca, proganjanih, ubijenih i samoubojica, obiteljskih bullyja, šećeraša i mudraca s osnovnom školom.

To je moja kuća i moj komšiluk, a ovo sam njihova ja.

Lik

Da je smrt žena, da ima 36 godina, tamnokosa je i visoka 166 do 167 cm, navodi Saramago. (Točno toliko smo slične, pomislila sam prošlog ljeta, čitajući.)

Kod Prousta smrt je debela žena, kod nekih drugih autora je mršava i voli ljubičastu boju.

Pasolini (ako je vjerovati Kovaču) za smrt kaže: Montažerka.

U mom romanu bila je majmum, zatim papiga, naposljetku se preobukla u autoricu, ukrala identitet. Može se shvatiti i kao cammeo. Neki to baš i nisu razumijeli, pitali su zašto je to trebalo.

Na sreću, ne postoji čvrsta granica ni granični prijelaz između života i književnosti, ali ni između književnosti i smrti.

Zato jer *najviše što moramo napraviti je isplaziti jezik smrti.*

Kad sam prvi put vidjela tvoje lice

Kad si bio dječak sa crnim očima i crnim zubima ljubavi, kad si bila djevojčica sa crnim očima i bijelim zubima ljubavi, kad si bio moj nepreboljeni srednjoškolski dragi s usnama poderanim od poljubaca, kad si bio muškarčina sa sivim očima mornara ljubavi, kad si bila moja draga prijateljica, kad sam bila smrtno zaljubljena u tebe tri nezaboravna zimska dana, kad mi nisi dala prići, kad sam ti ukrala momka ljubavi, kad sam te zavoljela iako si totalni kreten, debeo i ćelav i oženjen, ljubavi, kad sam te ostavila radi totalnog kretena, tebe koji si me najviše volio, ali mi nisi dao disati, znala sam da će nešto među nama biti, da ćemo se vjenčati i praviti djecu, ljubavi, i moja kćer sliči na lica mojih ljubavi kad sam ih vidjela prvi put i zauvijek.

Dječak i djevojčica

bilo je to na selu. ležali su ispod kamiona pokraj velike prednje gume. ona se ležeći na leđima rukom naslanjala na gumu. virile su joj žute sandale i gole potkoljenice s jedne strane i čitava glava s druge strane, ispod kabine. tako je imala dobar pregled zbivanja na livadi i pred kućom. ispred kuće njihovi su roditelji lovili bolesnog ovna. i ona je bolesna od neke rijetke opasne bolesti. on je tiho rekao da će je izliječiti pomoću cvijeća. u redu ako ti kažeš da će to pomoći, rekla je glasom bez nade. ali požuri da ne umrem. vratio se s kukurijekom, zumbulima, lišćem lješnjaka, djetelinom i zlaticama. ona je zatvorila oči, doktor joj je skinuo gaćice s malo zebnje u prstima, pa poslagao kukurijek, zumbule, lišće lješnjaka i ostalo od pupka naniže, a zatim je pažljivo, da se cvijeće ne raspe, obukao gaćice. rekao: sad će ti biti bolje.

Djevojčica i dječak

popodne, u sate kad je zabranjeno ići na more, djeca trče po sobama. dvoje se zaključaju u najhladniju sobu, sjevernu, koja je čak i ljeti puna ugodnog polumraka. nitko nas ne traži, zaključi ona poslije nekog vremena. mogli bi se skinuti goli. ali ne gledaj. mogli bi probati ono. zar te ne zanima. ona svuče šorc i legne na krevet. a onda on legne na nju. što sad, pita on. goli su i nepomično leže. iste su visine i grudi im izgledaju jednako. pa ništa, kaže ona, to je valjda to, ustaj, težak si.

dječak se odmakne. njegov penis je malen i tanak i ona ga ne bi dodirnula ni da je na koljenima zamoli. je li to bilo jebanje, pita dječak.

ona sjedi na rubu kreveta i plače. jao, sigurno sam trudna. jao, jao, zavapi i on.

Imanje

Imam bore oko očiju smijalice i jednu pokraj usana plakalicu.

Nosim bebu, svjetliju od meda, oprano rublje miriše, a muž iznosi kovrče na grudima, dolazi s crnom iskrom u očima, vodi nježnog mačka i bijelu barku.

To je moje imanje, što sam stekla.

A imam i mrtvo dijete u trbuhu, na bolničkom smetlištu, pola mrtvog oca u grobu, ispod vaze, noge su mu na bolničkom smetlištu,

i prljavo rublje i probušene čarape, imam kao i svatko s naše plaže,

i nepreboljene preboljene, bolesne, pojebane ...

Obitelj koju je raznijela granata, a dovršio birokratski nož.

Imala sam i neku budalu od koje sam patila nekoliko godina, da je bolest umrla bih, ovako ništa.

Imam i gromke sestre s puno muževa i djece, svi na kraju godine prođu s pet i damo im para.

Moja me mater nađe, pa mi kaže: Sunce, koje si me sa Zemljom sastavilo.

Imam knjige, stol, stolicu. Ne trebam više od dva kubna metra za ono što jesam i što ću biti u smrti, a imam više.

Odrasla sam, to mi govori moje imanje:

Kad smo bili mali, suze su bile vrele, sad nas hlade.

Kad smo bili mali od smijeha nas je bolio trbuh, a sad se smijemo da ne boli.

Sve što se događa dogodilo se.

The blue shoes

one cipele oko kojih se nismo mogli složiti

jesu li ipak zelene? ostavila sam ih pod krevetom u bolničkoj sobi 52

bile su još meke i neiznošene i možda ih je

lice u žutom koje se pojavljivalo izjutra

uzelo za svoju nećakinju.

u hodniku je hlapio oštar vonj ženske krvi:

crna before i svjetlocrvena after.

kao dijete čitala sam o kraljicama iz čijih su koraka rasle ruže,

ali što je ostalo iza mojih cipela, osim sukrvice?

Žena i krv

Gledala sam žene u bolnici, čekale su na hodniku, a ispod spavaćica od flanela na pločice je kapala krv.

Na zidu sobe visio je poster Isusa Krista. Jedna je rekla: Šta on tu radi, šta zna?

Trbuh joj se smješkao kao snješko bijelić i ostao je još dugo takav, a dijete umrlo.

I mi ostale, žene iz hodnika i sobe, rodile smo smrt.

Većinu vremena ne želim razmišljati o stvarima koje su se dogodile kad sam bila bespomoćna i ljuta, puna krvi.

Jer možda nepravedno pomislim kako sam te tri puta rodila, a jednom i donijela na svijet.

Kad se igraš pored mene i rano je proljeće na obali, zamišljam tvoje sestre: nikad ih ne pomazim i one plaču.

Početak ljeta

Nakon gubitka ostaje mi čuđenje

Kad li sam samo stekla sve to

—sada već uludo potrošeno—bogatstvo.

Mora da sam ipak uživala

Dok sam hodala pod bijelim šeširom uz rub plaže
i bacala djecu u valove.

Moj muž bi došao k meni i stisnuo mi ruku:

Jesmo li sada sretni?

Ja bih se trgnula i skupila obrve kao kazaljke u šest
i pol, rekla:

Sklopimo ležaljke bliži se ura za večeru.

Imamo dovoljno vremena za još jednu hladnu kavu.

I onda vrlo sporo kući.

(Dok ti brišem ostatke pijeska s ramena, molim te,
ne zaboravi:

Uvijek sam to radila tako da te ne porušim.)

35 godina laži

1. Lažem, nisam gladna ni mokra, nije mi hladno. Plačem da me zagrliš, jer se bojim da ćeš nestati.

2. Lažem da plačem da me zagrliš, jer se bojim da mi nećeš dati tu igračku, tu igračku, tu igračku i onu tamo šarenu igračku, ključeve i mobitel.

3. Lažem da si me jako udario kanticom po glavi, jer te mrzim ko psa, jer se bojim da ćeš mi oteti moje koje je samo moje.

4. Lažem da sam slučajno razbila vazu, bacila sam je o pod da me primijetiš, jer se bojim kad pričaš sa svojim prijateljicama da su ti one važne, a ja baš i ne.

5. Moja je ljepša od tvoje. Moj je snažniji od tvog. Tvoje je tvoje, a moje je bolje. Jer se bojim da nisam dobra i da ću nestati.

6. Lažem da sam pojela juhu ili marmeladu od šipka. Juhu sam pljunula u cvijeće, šipak me svrbi oko usta, sakrila sam to pod krevet. Jer se bojim da ćeš me natjerati da sve pojedem. A kako bi tebi bilo da ješ novine, pijesak, sapun i to.

7. Lažem da se bojim, jer se bojim da će svi očekivati da budem hrabra i radim hrabre stvari.

8. Lažem da imam sestru blizanku, jer se bojim ako sam ovako jadna da ti neću biti dovoljno jedinstvena.

9. Lažem da sam lagala, jer se bojim da ćeš me istući.

10. Lažem da se bojim da bi me primili u krevet, jer me strah da ću odrasti.

11. Volim izmišljati. Stalno izmišljam stvari i pričam o njima kao da se radi o istini. Lažem da se bojim da moje priče neće biti uvjerljive. Govorim: stvarno i majke mi.

12. Lažem da ne volim debelu i da sam zločesta kao i ostali: žao mi je debele, ali više se bojim da neću biti dobar prijatelj ostalima.

13. Lažemo da nismo znali, znali smo mi sve, ali nije nam se išlo s vama, bojali smo se da će nam bit dosadno. Lažemo?

14. Odvratan si, jer se bojim da te volim, a ti si odvratan.

15. Lagala sam tebi i sebi da me zanimaš, jer si tako normalan i nezanimljiv. Čitala sam o djevojci koja je prodala svog psa, jer se bojala da se ne zaljubi u psa.

16. Lagala sam da ni mene nije briga, tebi je važnije što će frendovi, a ja se bojim da ću umrijeti ako svi saznaju da ću umrijeti bez tebe.

17. Početnici: glumila sam razvrat, jer si ti glumio iskustvo. Takvi lažljivci, jer smo se bojali.

18. Lažem da sam bolesna, jer se bojim da neću uspjeti. Delete.

19. Lažem, gladna sam, ali bojim se ako jedem povećat ću volumen mesa i smrtnosti.

20. Smijem se i kad sam nesigurna, ponižena, prestrašena, kad mi je neugodno, jer se bojim da će me žaliti.

21. Lažem da nisam sretna! Presretna sam! Ali bojim se da je moja sreća neukusna, da će vas moja sreća povrijediti.

22. Lažem da odlazim zato što si bio zao, okrutan i grub. Bio si, ali bojim se da će te više povrijediti ako kažem istinu da ne želim s tobom otići u Zaragozu i da želim spavati s mnogim drugima.

23. Lažem da prezirem novac, jer se bojim da ga volim.

24. Lažem da prezirem udobnost, jer se bojim da više ne bih mogla izdržati ni jednu godinu bez svilenog pamuka i maslaca karite.

25. Lažem da sam spremna rađati djecu, jer se bojim da je to samo jedan od načina da pobjegnem od sebe.

26. Lažem da mogu podnijeti dijete kad vrišti noću, jer se bojim ako to izreknem da ni dana neću izdržati, da ću otići ravno u ludnicu.

27. Lažem da volim običan život, jer se bojim povjerovati da mi je zlo od manjeg otpora.

28. Lažem da volim svoje ljubavnike, jer se bojim da nismo specijalizirani za ljubav, samo za specijalne efekte.

29. Lažem da sam gluplja, luđa il slabija od vas, jer me strah vaše gluposti, beskrupuloznosti i zadaha iz usta.

30. Lažem da nisam ovisna o televiziji, slatkišima, seksu, internetu, cigaretama, šopingu, novcu, jer se bojim da smo prokleti.

31. Lažem, jer su me plašili istinom.

32. Lažem sve manje, bojim se da se ne isplati.

33. Lažem da te mogu sačuvati od zla, jer znam da će te istina preplašiti.

34. Lažem da imam odgovor i da liječim poljupcem u čelo, jer znam da će te istina preplašiti.

35. Lažem kao pas da ću zbog tebe živjeti zauvijek. Ipak, spremna sam.

Iznad Ravene, Lisbona

Ne voli me moj dragi, onako kako ja ne volim sve ostale.

S nekom tupavom toplinom i dragošću, ne želi me ponekad ubiti, ne gubi razum, ne trči kroz noć, ne ostavlja žene pred televizorima, ne kaže u ponoć: dođi, dolazim.

Pijesak koji smo pregazili, a da nismo upali, njegovo poštovanje umjesto niskih tonova ljubomore, njegove dužnosti umjesto glave u oblaku dok me nosi, dok ga nosim, visoko na rukama kao ludo sunce iznad Ravene, Lisbona. Istina, njemu se diže kad sam u blizini, ali on uspijeva izaći na kraj s tim. A dok vodimo ljubav, uvijek zazvoni telefon.

Zašto bih jela papir, kad po njemu mogu pisati? Toliko o takvoj ljubavi.

Atentat

pitaš li se ikad što danas radi tvoja revolucionarka.
kome plete uzicu na barikadama. koga izdaje. koga
svlači iza debelih zastava.

primjećena je kad su nove sufražetkinje jurnule na
odbor: protiv mesa, protiv krzna, protiv kravljeg
mlijeka, protiv trupa. za pravo i pravicu i naš grad.

sreli su je na paradi kako zavodi ćelavi stereotip s
obje strane. oduvijek je bila subverzivna i klela se:
u posljednje vrijeme nema prave revolucije.

povukla je svoje tamne trepavice u šume poput
tužne gerile. ta sita la pasionaria koja je brijala
noge britvicom tvoje supruge. i šaputala: moj lijepi,
veliki, lijepi.

izvjesno će ti postaviti bombu pod rebra. okrenut
će ključ, kad već pomisliš da nastupa era mira. i
privilegije.

Control freak

Ovo je rekao jedan glumac: kad upoznaš ženu na koju ti se uvijek diže, oženi je, to je najbolji recept za sreću. Očekujem da isto vrijedi i obrnuto: kad sretneš glumca kojeg bi uvijek ljubila filmski, zgrabi ga.

Stvari su jednostavnije nego što se priča.

Strpi se, radi u polju dok se polje ne automatizira. Netko naprosto leti, nekome za preskočiti redak klupu trebaju debele knjige iz kineziologije.

Kad zaboraviš stvari koje znaš iz knjiga, sjedni piši pjesmu. Ne misli o svom okusu dok te jezik istražuje. Ili misli sve najbolje.

Tihi bijeli muškarac

prvih godina braka njen suprug je sanjao kako ga raznose granate. njegova ratna godina, je li to poglavlje koje ga objašnjava.

ponekad iznad njega ona osjeti jednostavnu zvijezdu koja ga ljulja u san. inače

ne razmjenjuju previše riječi ni poljubaca.

ima skladan torzo, a njegove su dlačice guste i plišane i nema orden i nema miris, osim kad smrdi kao prestrašeni dječak.

kad u snu krikne, supruga privije njegovu sijedu glavu na svoje nesigurno srce.

Ljeto '91.

A bilo je nečeg uzbudljivog u onom srpnju na plaži od građevinskog materijala.

Vojni brodovi su čekali naredbu. Tromblon je mogao probiti naša srca

rumunjskih gimnastičarki. Gipka i prazna.

Baš se ništa osim tog dosadnog rata nije događalo i ti si se uskoro udala da utekneš od strogog bogaoca.

Tada na plaži '91, čekale smo da se momci vrate iz rata, al vraćali su se mrtvi i ludi. Maštale smo da smo dvije bogate plastične kučke u bijelim jednodijelnim kostimima, a ispod nas je Kalifornija. I dolaze mornari i svaki ima mišićavu dikciju Deana Martina i gelirani val u kosi. U vojnom i političkom smislu, nas nikad nije bilo.

Zato gledaj tu plamenu kročeru i zamišljaj da nam dolaze mornari.

Sve će bit u redu. Moraš samo uzdahnuti i izviniti ramena.

Novi heroj ulice

Faco, ti si heroj ulice i parka i trga i stadiona. Drugovi te tapšu, nekoliko starijih mužjaka odobrava, nekoliko curica koje urliču, histerično sretne. Mokar si i uzbuđen, ti si napravio neku važnu stvar. Bacio si kamen na pederčinu. Bacio si kamen na Ciganina. Bacio si kamen na Srbina. Jebo si majku Židovu. Razbio si pičku lezbačama. Pretukao si pretučene, spalio si spaljene, stavio si značku označenima, kamenovao si kamenovane, progonio si progonjene, i ostat ćeš budan i osnažen, jer oni će se opet odnekud pojaviti sa svojim bolesnim pjesmama o ljubavi, sa svojim umobolnim pjesmama o ljepoti, sa svojim nakaznim pjesmama o slobodi.

Faco, ti si junak, ti si u gomili i ona ti kliče, tebe prešutno podržavaju od kanala do fotelje, u tebe se ufaju na oltarima, ti si zlatan mladić, ti si čedo sistema, u najgorem slučaju tebe toleriraju. Imaš sedamnaest godina i potpisao si se na zid: SMRT.

Neki ljudi

neki ljudi rode se i odnese ih kućama sretna obitelj. grle ih i maze i ponekad prekore i kupe im onoliko stvari koliko mogu i čuvaju ih kad su bolesni, peru ih blagim sapunom i vode na more i čuvaju ih kad zajebu stvar. imaju prijatelje završe škole posao u struci nešto što ih uzbuđuje ili veseli i nađu ljubav i onda ih možda snađu i djeca, dvoje, troje, zdrava, malo nestašna. vole se i slušaju muziku, potom manji financijski problemi, koja svađa, možda i nevjera, manje vjerovatno, ništa opasno po život, a i rodbina se ne petlja pretjerano. iz svega izađu bolji neki ljudi. ako bude rat ili katastrofa, bijeda, to neke ljude zaobiđe. kasnije, u starosti, umru im roditelji od starosti, djeca snađu svoju djecu, a neke ljude zdravlje i dalje dobro služi, potom manji problemi s očima, možda gastritis, artritis, pa polako ali vedro sa sličnim ljudima bijele kose i krhkih kostiju putuju brodom u zemlje sredozemlja ili autobusom po srednjoj evropi, a kad su kući čuvaju unuke, pušu u vatru i kite bor. neki ljudi peku kolače do smrti.

Kolja

kolja ima problema s očima pa vidi one koji mu stižu ravno u susret, a ne vidi one koji mu prilaze ili prolaze sa strane.

zbog tih problema, za ručkom u menzi na otvorenom, on ukapa neke kapi pod kapke i gleda gore u krošnje i svod.

za to vrijeme čovjek za našim stolom priča o arapinu koji je stigao na neku crnogorsku plažu i razmotao ćilim, pravi tepih iz dnevne sobe. i cijela arapinova porodica, a bila je brojna, kupala se u moru i sjedila na tom golemom ćilimu. raširenom na žutom pijesku, između suncobrana.

neki za našim stolom su šutjeli, neki su se čudili, netko se nasmijao.

kolja je, jednako gledajući nebo, pitao: koje je boje bio taj ćilim?

ne znam, valjda šaren, ćilim je ćilim.

ali, koja je boja prevladavala, crvena, zlatna, tirkizna, modra? ne da se kolja i dalje gledajući u krošnje i svod. koja je boja prevladavala. i kakve su bile šare. to je najvažnije kad pričamo o ćilimu.

o gabbeh, hereke, ushak, abriz, kazakkashan, saruk, nain, bidjar, mir, isfahan, shiraz, kerman . . . i ostalima.

Bicikl

Neka je slava biciklu! Bicikl i ja smo kentaur.

Između svega što na put kreće, bicikl ima pravu mjeru, pogotovo: u brzini kretanja, u snazi koju daje i uzima, u radosti.

U radosti,

koja nije puka sreća, a nije ni cigansko veselje,

zuji tihi, jednostavni mehanizam.

Radost

je pitomo srce ove metalne životinje.

Slava biciklu koji me iz moje ulice pronio kroz slavoluke zabranjenih hotelskih gradova i plaža, uvijek malo brži od čuvara.

Slava biciklu na nizbrdici koji nas je, zaslijepljene suncem i prašinom, spasio od seoskih pasa.

Slava biciklu na kojem sam se penjala po ljubav na jedan, a potom spuštala po ljubav na drugi kraj grada, bez bicikla to nikad ne bih uspjela, mlada, brza i puna ljubavi.

Čast i dika brižnom biciklu sa sjedalicom za bebu, kao i onom bez kočnica, onom za vjetrenje suknje po šumskim stazama, kao i onom koji opstaje na asfaltu.

A svakako, čast i nogari koju si naknadno ugradio na naš bicikl, jer je, čim luda vožnja stane, ta mala podrška neophodna za ravnotežu.

Anika

Anika se pojavila na vratima s cvijećem, a za njom je ušao njen otac, krupan čovjek s nekoliko sjedih u gustoj crnoj kosi.

Odrastala sam s njim, bili smo nerazdruživi, ali nismo se vidjeli dvadeset godina, od početka rata.

A sad, evo, Anika (4).

Ušla je sa stručkom žutih maslačaka, ubranih pred zgradom, za mene.

Vani je proljeće, vani je autobus kojim ću otići, koji vozi uz rijeku, i kuće bez očiju koje sam poznavala, ona polja pokraj kojih ću samo proći, i psi bez ljudi.

Ali to će biti sutra ili možda jučer.

Sad je Anika, sitna i slatka kao sreća, koja govori: ubrala sam ti cvijeće, i sljedeći trenutak je visoko u mome naručju. Sretna sam, kaže dijete, baš sam sretna.

Glasom kojim smo nekad govorili tajne, tiho mu šapnem: nikad joj nemoj ispričati. Njen otac sjeda pored mene.

Pisali su knjige

Rađali su djecu. Tijela su letjela u zrak, vrištali tsunamiji, odsvud potresi, ebole, ratni logori, nuklearno naoružanje, siromaštvo, kapitalizam, nepravda, gorka nepravda, a tu je i prenapučenost planeta. A oni, sve znaju i djecu na svijet. Tako da zaboli još stostruko više ta neuzvraćena ljubav, vječito klanje.

Optimizam je to neodgovorno ponašanje. Svjesniji, snažniji, bolji i cinici odustali su od potomstva. Razotkrilo ih je što su pisali knjige. Tako da zaboli još malo više taj neuzvraćeni život.

Jer ljudi su budale, prepuni neosnovane nade, besmislene hrabrosti, očajničke vjere, smiješne ljubavi.

Ipak, ne može se poreći:

Ljudi su prepuni nade, hrabrosti, vjere i ljubavi.

Soundtrack za slijepe putnike (izbor iz neobjavljenog rukopisa)

Šegrt

toliko svile se odmotava

pod mojom kožom neprekidno

da su me staratelji morali skloniti

u hram

među krčmarsko svećenstvo

tu ćeš, rekli su, mala

učiti pisati nogom po vjetru

i vjetrom po gradskim morima

izučit ćeš vještinu

bacanja letećih olovčica

(da zatvorenih očiju razvežeš pupak

i rasiječeš bradavicu)

vidjela sam kako pjevaju i ljube ludi učitelji

kako preskaču lipu i vodotoranj

ponekad pripiti trče uz zidove kuća

ali ujutro trijezno pometu svoje gole sobe

nježno obuku svoje gole žene i mladiće

povežu ono što je ostalo od kose

u perčin rečenica

i lebde iznad svetih tastatura

prvu sam lekciju svladala iz domaćinstva

složila sam svu svilu u bale

kao u malom dućanu metraže

trebalo mi je trideset godina

još toliko će mi trebati

da razvrstam dugmad riječi

i sve te aplikacije

bojim se, u međuvremenu,

ostarit će učitelji, popušit će svoje lule vjere

a s njima i hrabrost i mudrost

brine me što će se dogoditi s njihovim kostima po
čitankama

tu nitko živ više neće moći

sastaviti pjesnika

Bossanova

neka ljeto drhti ispred naših vrata

nemoj mu otvoriti nek umre od želje

mi ćemo se smijati gole i crne

i probavati gospođine haljine

plesat ćemo čitav dan djevojčice

pokraj starog gramofona

lijeno kao mačke

na prstima na petama okret

tvoje su ruke u zraku

moje su ruke na struku

dozivaju nas mornari pod prozorom

oni znaju naša imena

ti si marmelada od šljive

ja od gorke naranče

Sajmeni dan

imam prekrasnu kćer

danas je u svom kabrioletu

vodim u grad na sajam

nad nama nebo za piknik

uz cestu

ljudi čvrstih vilica

žvaču gume

i podižu šešire na pozdrav

imam prekrasnu djevojčicu

umijesila sam je od svijetlog mesa

od vlastitog zdravlja

noću dok spavamo na jastuku

njena se zlatna kosa

u moju crnu zapliće

a danju se sretne spuštamo do plaže

danas je u svom kabrioletu

vodim na sajam prvi put

kupit ću joj sve što zaželi

šarene zlatne i beskorisne stvari

samo da začujem njen smijeh

zajedno ćemo pjevati na povratku

jednu pjesmu o ptici

kažem vam, imam najdražu kćer

vozim je polako da vidi

svijet koji sam za nju složila

od najsjajnijih gradova

a ulicu kojom sam se nekad

spuštala do mora

za nju sam produžila u beskraj

Srijede

srijedama bih te pokupila na izlazu iz ulice

uvijek je bilo oblačno ili vruće

obično je bila užasna gužva na cesti

nikad nije procvjetao neki prizor u prozoru

tako duga kolona i tako ispran krajolik

ništa da nas odvuče od šutnje

stare barem dvadeset godina

što žena poput mene može kazati

čovjeku koji ju je odgojio

srijedama bih te ponekad izgubila u bolnici

ronila sam kroz tijela bolesnih staraca

u uskim hodnicima čekaonica tražeći te

na svim su me odjelima promatrali

kao uljeza iz raja

na povratku je volan bio vlažan od znoja

obično se nisam zadržavala ni minutu dulje

nego što je potrebno

čekalo me toliko toga

trebalo je što prije isplivati na zrak

danas je subota

što li misliš dok ležiš u sobi broj pet između dva
neznanca

i čuju se udarci klompi liječnika u noćnoj smjeni

prošle smo srijede spremili tvoje stvari u malu crnu
torbu

opet gužva na cesti kroz spaljene panorame

prešli smo preko saga od fine cementne prašine

samo jednom sam te krišom pogledala na semaforu

vidjela dijete

Odlazak mladih admirala

naša je ulica tiha al noću

čujem kako hrče grad

njegov ravni zvuk u pozadini

i mljackanje kad se okrene na bok

večeras odlaze svi admirali s matejuške

odriješit će male barke

potražit će novi svijet

tiho dok debeli grad spava

bez pompe sasvim kradom

kliznut će u tamno more

zarezati noćni val

negdje na pučini zabrundat će motori

vonj nafte i ustajalog mora

miris koji ziba u utrobi broda

vjetar će vratiti u luku

a ujutro

što ćemo mi bez njih

zato je moja škrinja uvijek spremna

na pusti otok ponijela bih

metaforu

Berlinska soba

mogla bih stanovati u toj velikoj sobi

i čekati da se ljeto pojavi iznad grafita

ovdje je već netko ostavio svoje sandale

—vidim se kako odlazim u njima niz e.strasse

mogla bih biti njemačka glumica

koja se zaljubljuje u sljedećoj sceni

u sjeni bombardera

ali ta se soba oko mene neprestano udaljava

i berlinska me životinja svlači kao noćnu košulju

od mene će ovdje ostati

malo zraka ugaženog u tepih

otisak ugriza na oznojenom jastuku i odlazak

ovdje je spavalo puno žena u prolazu

Humbert

Prošlo je i više vremena od onog koje je trebalo

Da može sjesti do tebe i potapšati ti glavu

S obje ruke sretna, kao bongo. Moj oče, stari
ljubavniče.

Počinje period u kojem se u mislima spušta u luku

Uz bedem, ali zavoj je oštar, trga se koža sa lijeve
plećke i puca karoserija

Ti svakih nekoliko ljeta tražiš ime za svoj brod

Nazoveš je i pitaš za mišljenje, govorite o roditeljima
i djeci, o brakovima

Koji su uglavnom sretni i zdravlju, poslovima

Kaže ti: bio si u pravu, zaboravila sam te kao i svoje
grudi prije četrnaeste

Na tebe pomisli kad vidi konduktera: bijele hlače,
nikad suviše čiste

I češće se vezano uz tebe sjeti tvog malog psa koji
je po dugom hodniku

Kuće kotrljao kosti. I vodoskoka.

Ali otkad se dogodila nesreća iz njenih su snova
kao miševi pobjegli svi — osim tebe.

I eto te gdje se pokrećeš po čudnom nalogu, njenom

Pušiš i povlačiš klompe na krivim dlakavim nogama

A ona ide pored tebe u košuljici bez rukava

Prekratkoj da joj se ne bi vidjela stražnjica pička
bedra

Uzalud je navlači i ti iako ravnodušan uviđaš njen
problem

To su samo njeni snovi, ali i na javi bi joj rekao:

Ne brini, normalno hodaj, pa ja idem ispred tebe,

Uostalom, moja stara kćeri, moja mlada ljubavnice,

Sami smo na cesti, uostalom.

Rep

Riblji rep, može i rep guštera, bika ili zvijezdin kositreni,

Nedostaje nama, mnogim ženama ili muškarcima. Kitnjast,

Životinjski, ali najbolje oštar mačji ili od nekog psa,

Ozbiljnijeg. Jednostavan rep dao bi mi mjeru. On bi me na koncu držao

Na okupu. Za rep bi se mogla uhvatiti u ovoj odsutnosti oslonca. Sve je

Prašina i sve tekućina, rep bi mogao udarati po tome, lomiti, rep bi mogao stršati

Apsolutno.

Zaustaviti me kao čaroliju u prostoru sobe.

Dovršiti me.

Pući točku.

Rep leptira koji se zove lastin rep ili čegrtušin, koji je možda najljepši.

Postojao je atavistički rep koji su u djetinjstvu
odstranili

Mom ocu. Rekli su mi da je to bio njegov blizanac,
i danas, ako o tome

Razmišljam, to što su rekli sasvim je razumljivo.

Napokon znam što i meni nedostaje, baš kao manje-
više svim

Ljudima koje poznajem. Pa i ponekom dobermanu
ostane ta čežnja.

Voljela bih za sobom vući sve repove i neumjereno
onaj od pauna.

Toliko pravaca, mogućih vršaka kojima bih govorila:

Krajičci. Tad bih bila ustrojena konačno,

Savršena. Znala bih koliko me stane u teglu, koliko

U lakat, u jutro zemlje, na trg, u dvjesta sati,

Nekoliko araka i prijelazni pehar;

  I kamo sve to vodim.

Najvažnije: tada bih mogla staviti sol na taj zgodni
rep, odvući

Ovaj stol do prozora, cigaretu i laptop. S takvim završetkom

Početi.

About the Author and Translator

Olja Savičević is a Croatian poet, novelist, and dramatist whose work has been translated into over ten languages. A prolific author, Savičević's publications include six collections of poetry *It Will Be Tremendous When I Grow Up* (1988); *Eternal Kids* (1993); *Female Manuscripts* (1999); *Puzzlerojc* (2005); *House Rules* (2007), winner of the prestigious Croatian award Kiklop; and *Mamasafari* (2012), as well as a collection of short stories, *To Make A Dog Laugh* (2006), and two novels *Adios, Cowboy* (2010) and *Night Singer* (2016), both of which won prestigious Croatian literary awards. A translation of *Adios, Cowboy* was published in the United States by McSweeney's in 2016.

Andrea Jurjević is a poet and translator from Rijeka, Croatia. Her work has appeared in *EPOCH, TriQuarterly, Best New Poets, the Missouri Review, The Journal, Gulf Coast, The Bombay Gin, Sugar House Review*, and many other literary journals. Her first poetry collection, *Small Crimes*, won the 2015 Philip Levine Prize. She is a recipient of a Robinson Jeffers Tor Prize, a RHINO Translation Prize, a Tennessee Williams Scholarship from the Sewanee Writers' Conference, and a Hambidge Fellowship. She resides in Atlanta, Georgia, where she teaches at Georgia State University.

Made in the USA
Monee, IL
07 July 2026

56546303R00100